NOTICE

SUR

LA VIE ET LES ÉCRITS

DE

MERCIER SAINT-LÉGER;

PAR

CHARDON-LA-ROCHETTE.

Magasin Encyclopédique, V.e Année, T. II.

MESSIDOR. AN VII.

NOTICE

SUR

LA VIE ET LES ÉCRITS

DE

MERCIER SAINT-LÉGER.

L'Europe possédoit deux hommes rares, profondément versés dans la bibliographie et l'histoire littéraire de tous les âges et de tous les pays; rivaux sans jalousie, s'aimant, s'honorant l'un l'autre, toujours prêts à répondre aux questions qui leur étoient faites sur la science qu'ils cultivoient avec tant de fruit et de gloire ;

> . . . . *Arcades ambo*
> *Et cantare pares et respondere parati (a).*

Ces deux hommes, que le lecteur instruit a déja nommés, étoient Barthélemi Mercier, ex-bibliothécaire de Sainte-Geneviève, connu de toute l'Europe

(a) Virg. Ecl. VII. 4.

savante sous le nom d'abbé de Saint-Léger, et l'abbé Morelli, bibliothécaire de Saint-Marc à Venise. La mort vient de nous enlever le premier; nous allons payer, à la hâte, et sans apprêt, un léger tribut à sa mémoire : puisse le second régner longtemps sur une science dans laquelle il n'a plus de rival à craindre !

Barthélemi Mercier naquit à Lyon, le 1.er avril 1734, d'une famille honnête qui avoit exercé des charges honorables dans cette commune, célèbre par ses richesses, son industrie et son goût pour les connoissances utiles et agréables. Il étoit doué d'une mémoire heureuse, d'une intelligence rare, d'une vivacité d'esprit peu commune ; ainsi ses études et ses progrès furent très-rapides. A quinze ans, il jeta les yeux autour de lui, pour choisir la carrière qui lui restoit à parcourir; l'amour, ou plutôt la passion de l'étude, le desir ardent du savoir, lui firent donner la préférence à une congrégation riche en hommes instruits, en bibliothèques, en moyens de tout genre. Il entra dans celle des Chanoines Réguliers de France, en 1749. Obligé, selon l'usage, de faire un nouveau cours de rhétorique et de philosophie, avant de passer à la théologie, il fut envoyé à l'abbaye de Chatrices, dans le diocèse de Châlons-sur-Marne. Ce fut là qu'il eut le bonheur de rencontrer un vieillard vénérable, plein de connoissances, de douceur et d'amabilité. Caulet avoit quitté son évêché de Grenoble, pour passer en paix dans cette abbaye dont il étoit titulaire, au sein de la retraite, et au milieu de ses livres, les derniers jours de la vie, ces jours qui ont un si grand besoin de calme et de repos. Il prit en amitié le jeune Mercier; comme il étoit presqu'aveugle, il lui confia le soin de sa bibliothèque, lui enseigna les premiers élémens de la bibliographie, de l'histoire littéraire, et l'accoutuma de bonne heure à cet esprit d'ordre, à cette excellente méthode qui ne l'ont jamais abandonné dans la suite. Les leçons de ce prélat respectable furent présentes, jusqu'aux derniers momens, à la mémoire de notre savant bibliographe; il aimoit à en parler, et il en parloit avec une effusion de cœur, un attendrissement qui faisoient honneur au maître et au disciple.

Rentré à vingt ans dans la maison de Paris, ses premiers regards se tournèrent vers cette immense collection de livres, qui formoit une des plus belles bibliothèques de la capitale. Le célèbre Pingré en étoit alors premier bibliothécaire. Mercier s'attacha à lui, cultiva son amitié, profita de ses conseils et de ses leçons, et devint son collaborateur dans tout ce qui regardoit ce riche dépôt des connoissances humaines. Il est porté sur l'almanach royal de 1759, en qualité de second bibliothécaire. Lorsque l'astronome Pingré partit pour aller observer, dans la mer des Indes, le passage de Vénus sur le disque du soleil, Mercier lui succéda dans la place de premier bibliothécaire, et la conserva jusqu'en 1772. Ces douze années furent, comme on s'en doute bien, heureusement employées pour la bibliothèque et pour les lettres. Des acquisitions nombreuses, dirigées par le goût et le savoir, enrichirent la première; les journaux littéraires furent à leur tour enrichis d'une infinité de lettres, de dissertations sur des objets toujours piquans. Le Recueil C, qu'il publia en 1759, est rempli d'extraits curieux. Ses vastes lectures, faites la plume ou le crayon à la main, ne le laissoient jamais manquer de matériaux, et lui fournissoient des armes sûres pour combattre les erreurs, et relever les méprises qui se glissoient dans les ouvrages de bibliographie ou d'histoire littéraire. A vingt-huit ans, il fit ses premières armes dans le journal de Trévoux, qu'il rédigea, en société, avec Pingré et l'abbé Guyot (Guillaume-Germain), depuis le mois de juillet 1762, jusqu'à celui d'octobre 1766 inclusivement, et qu'il continua seul jusqu'en août 1766. Dès ce moment, il devint un censeur rigide pour tous les ouvrages qui avoient quelque rapport avec ses études favorites. Lorsqu'il ne faisoit point imprimer ses observations critiques, il les écrivoit à ses amis, ou en conservoit des notes particulières. Ainsi ses batteries étoient toujours dressées, et il n'avoit jamais à craindre des surprises.

Le 6 septembre 1764, Louis XV vint poser la première pierre du magnifique édifice dédié à Sainte-Geneviève. Il voulut, après la cérémonie, voir la bibliothèque. Mercier avoit disposé sur un grand pupitre, et sur des tables, les livres les plus curieux confiés à sa garde. Le roi, accompagné de ses ministres, des seigneurs de sa cour, de son bibliothécaire Bignon, les examina tous avec la plus grande attention, et se fit indiquer les signes caractéristiques des livres rares qui passoient sous ses yeux. De temps en temps il tournoit la tête, et disoit : *Bignon, ai-je ce livre-là dans ma bibliothèque?* Bignon, qui n'en savoit rien, caché derrière Choiseul, ne répondoit pas; Mercier répondoit pour lui: *Non, Sire, ce livre n'est point dans votre bibliothèque.* Le roi passa cinq quarts-d'heure à examiner les livres, à causer avec le bibliothécaire, à se faire expliquer tout ce qu'il n'entendoit pas. Mercier profita de cette circonstance heureuse pour fixer l'attention du roi sur un objet qui intéressoit essentiellement les sciences et les lettres. Les bâtimens de la bibliothèque de Saint-Victor, vaste et riche en livres précieux, étoient fort délabrés; ils avoient besoin de réparations promptes, mais onéreuses pour le trésor public, surtout dans un moment où il falloit remplir le vide qu'y avoit laissé une guerre malheureuse. Mercier en parla au roi; et, pour prévenir les objections qu'on n'auroit pas manqué de lui faire, il ajouta que ces dépenses urgentes pouvoient se faire, sans qu'il en coûtât un écu à sa majesté. L'abbaye étoit vacante; il suffisoit donc, en nommant un nouveau titulaire, de retenir chaque année, sur ses revenus, une somme suffisante pour subvenir à ces réparations. Le roi goûta le projet; il promit de le prendre en considération. Frédéric auroit sur le champ nommé Mercier à l'abbaye de Saint-Victor; malheureusement Louis XV n'étoit pas Frédéric II. Le projet fut cependant exécuté; mais, comme il arrive si souvent dans les cours, un autre s'attribua la gloire de l'avoir conçu. Le roi n'oublia cependant ni le bibliothécaire Mercier, ni les renseignemens qu'il avoit reçus de lui sur plusieurs livres précieux. L'un de ceux qu'il avoit remarqués, étoit la fameuse

Bible de Sixte V (b). Il s'étoit fait expliquer fort au long tous les signes caractéristiques de ce livre infiniment rare. Quelque temps après, en traversant, au sortir de la messe, la grande galerie de Versailles, il aperçoit, parmi les spectateurs, le bibliothécaire de Sainte-Geneviève; aussitôt il tourne la tête, et dit à son premier ministre : *Choiseul, à quels signes reconnoît-on la bible de Sixte V?—Sire, je ne l'ai jamais su.* Alors adressant la parole à Mercier, et s'arrêtant, Louis XV lui récita, sans rien omettre, la leçon qu'il avoit apprise à la bibliothèque.

A trente-deux ans, Mercier fut nommé par le roi à l'abbaye de Saint-Léger de Soissons, *en récompense des services qu'il avoit rendus aux lettres.* Plusieurs abbayes de la congrégation des chanoines réguliers de France avoient été déja mises en commande, et par conséquent retirées à l'ordre; mais Louis XV voulut donner à notre bibliographe une marque particulière de bienveillance. Il conserva l'abbaye à l'ordre, et accorda, par une faveur spéciale, au nouvel abbé, de la tenir en commande pendant sa vie. Mercier avoit été nommé par sa congrégation au prieuré de Saint-Pierre de Mont-Luçon; mais je ne puis fixer ni l'époque de sa nomination, ni celle où il résigna ce bénéfice.

En 1772, à la suite de quelques tracasseries, dont aucune congrégation, aucun ordre religieux, n'étoient exempts, il remit la bibliothèque à Pingré, quitta la

(b) *Biblia sacra latina, vulgatæ editionis, jussu Sixti V, recognita et edita; et tribus Tomis distincta. Romæ, ex typographia apostolica vaticana*, 1590, *in-fol.*

maison, et prit un appartement particulier. Rendu à lui-même, il se livra tout entier aux travaux qu'il avoit préparés à Sainte-Geneviève. Le *Supplément à l'Histoire de l'Imprimerie, par Prosper Marchand*, parut en 1773; il fut réimprimé avec de nombreuses additions en 1775. Ce livre est aujourd'hui difficile à trouver, parce que les étrangers, qui connoissoient mieux que nous le mérite éminent de l'abbé de Saint-Léger, s'emparèrent de la plus grande partie de l'édition. L'auteur laisse un exemplaire de cette seconde édition, corrigé, augmenté de près d'un tiers, et prêt pour une troisième, qui ne seroit pas reçue avec moins d'empressement que les deux autres.

L'abbé de Saint-Léger avoit entretenu une correspondance suivie, non-seulement avec les hommes qui cultivoient la science à laquelle il s'étoit principalement appliqué, mais encore avec les savans et les amateurs de tout genre, régnicoles et étrangers. Ayant du loisir, jouissant d'une honnête aisance, il voulut visiter ses amis Bataves et Belges, avec lesquels il correspondoit depuis longtemps, mais qu'il n'avoit jamais vus. Il parcourut, en homme éclairé, les riches bibliothèques publiques et particulières de la Hollande et de la Belgique, pays classiques pour les lettres, où ceux qui les cultivent jouissent toujours de la considération qu'on leur refuse souvent dans d'autres contrées de l'Europe.

Partout notre voyageur fut accueilli, fêté de la manière la plus distinguée: tous les trésors scientifiques et littéraires, tous les cabinets lui furent ouverts ; il vit tous les hommes qui s'étoient fait un nom, quel que fut l'objet de leurs travaux ou de leurs études: sa savante *Notice raisonnée des ouvrages de Gaspard Schott*, publiée en 1785, prouve qu'il n'étoit pas plus étranger aux sciences qu'aux lettres. L'édition de ce livre curieux est épuisée depuis longtemps; mais l'auteur laisse un exemplaire couvert de notes et prêt pour une nouvelle.

L'une des bibliothèques particulières qui fixèrent le plus son attention, fut celle de feu Meerman; il est vrai qu'elle étoit l'une des plus riches de l'Europe en manuscrits, et en livres rares de tout genre. Meerman auroit vu avec plaisir, disons mieux, avec orgueil, dans sa bibliothèque, l'homme fait pour l'apprécier.

Mercier et Meerman, liés par les mêmes goûts, les mêmes études, avoient été correspondans et amis, et ce voyage, en fortifiant leur estime réciproque, auroit nécessairement resserré leur union. Cependant ces deux hommes, très-versés dans l'histoire littéraire et la connoissance des livres, n'avoient pas tous les deux la même modestie, du moins si l'on en juge par ce que Meerman écrivoit à Reiske, le 4 mars 1770 (*c*). Au reste, Meerman méritoit la louange dont il étoit si avide. Ses

(*c*) . . . . . *Quanquam verò ægre admodum Codices Auctorum MSS. in peregrinas oras mittam, attamen utrumque Codicem Aristidis mittere ad te paratus sum si non modo apocham statim a receptione mihi mittas cum pacto de remittendo post certum tempus, sed etiam si tuam Aristidis editionem, saltem priorem tomum MIHI ET QUIDEM SOLI INSCRIBERE VELIS : evenerunt enim mihi quædam perquam honorifica, quæ dicere ipse nolo ob rationes sonticas, vellem tamen ab alio dici, et fieri* ouvrages sont devenus classiques, dès le moment où ils ont paru. La riche bibliothèque de Crevenna fixa aussi toute son attention, et le possesseur fut son ami.

De retour dans sa patrie, l'abbé de Saint-Léger continua le travail, commencé depuis longtemps, sur les poètes latins du moyen âge. La biographie de chacun, une analyse de leurs ouvrages, nourrie des morceaux les plus saillans, des anecdotes piquantes, des traits d'histoire peu connus, rendent ces notices, que j'ai lues en partie, aussi amusantes qu'instructives.

On sent combien un pareil travail demandoit de patience, de recherches et de sagacité. Les bibliothèques publiques et particulières étoient mises à contribution : ses amis se faisoient un plaisir de lui communiquer tous les livres qui pouvoient lui être utiles ; car, quelques ouvrages de bibliographie, d'histoire littéraire, quelques journaux et quelques livres de présent, composoient sa modeste bibliothèque. L'immensité de celle à laquelle il avoit présidé, lui avoit sans doute oté le courage d'en former une plus volumineuse.

Son travail sur les poètes latins du moyen âge, n'étoit pas le seul qui l'occupât ; tous les journaux littéraires du temps étoient enrichis de ses lettres ou de ses dissertations. Il avoit de la gaieté dans l'esprit, de la facilité dans le style, un fond inépuisable d'anecdotes, de traits inconnus ; ainsi ses articles étoient toujours ceux que les amateurs li-

posset a te commodissime, quocirca etiam invenies me non ingratum. Reiskens Lebensbeschreibung. in-8.° Leipzig. 1783, p. 627.

soient les premiers. Il étoit d'ailleurs consulté de toutes parts, et par écrit et de vive voix; ceux qui formoient des bibliothèques, ceux qui dressoient des catalogues, ceux qui s'occupoient de quelque partie de l'histoire littéraire, s'adressoient à lui comme à un oracle qui ne les trompoit jamais. La célèbre bibliothèque du duc de La Vallière lui doit en partie son existence : lié avec le duc, il dirigeoit les choix, les acquisitions, l'ordre à établir dans cette riche collection : on a cru même longtemps qu'il recevoit un traitement du duc, mais la vérité est qu'il ne voulut jamais accepter ni traitement ni présent. Il s'occupa de la bibliothèque Soubise, avec le même zèle et le même désintéressement. Ces travaux littéraires, ces distractions si douces pour lui, la visite de tous les savans étrangers qui venoient à Paris, la société de tout ce qu'il y avoit d'hommes instruits dans la capitale, un tempérament excellent, semèrent sa vie de fleurs jusqu'au moment où la révolution renversa deux ordres, dont le premier, surtout, se croyoit assis sur des bases inébranlables. Libéral envers sa famille, bienfaisant, généreux, il n'avoit point thésaurisé; seulement il avoit placé sur Anisson-Duperron, son ami, la somme de 24000 francs, en rente viagère. La suppression de ses revenus ecclésiastiques le surprit donc au dépourvu; mais le premier et le plus précieux avantage que l'on retire de l'étude et des lettres, c'est d'être en peu de temps consolé de la perte de la fortune, ou plutôt d'y être insensible. L'abbé de Saint-Léger prit son parti en sage, quitta sa maison, et alla se loger modestement dans le faubourg Saint-Jacques. Une partie de ses amis et de ses connoissances avoit disparu ; mais il lui restoit l'amour de l'étude, celui du travail, des ouvrages déja avancés, d'autres qu'il projetoit et qui même étoient ébauchés : tout cela lui faisoit trouver des douceurs inappréciables dans sa nouvelle vie sédentaire. Enfoncé dans son cabinet, entouré de ses livres, il ne s'apercevoit que de loin en loin des mouvemens convulsifs qui agitoient la France. Cependant ils prenoient déja un caractère effrayant : il falloit donc arrêter dans leur course rapide ces dévastateurs, qui ne vouloient que des ruines, et qui portoient indistinctement la hache et le marteau sur les monumens des arts. Il falloit choisir dans les maisons devenues nationales, dans les édifices publics supprimés, tous les objets qui méritoient d'être mis en réserve. On créa différentes commissions, qui furent ensuite réunies en une seule par un décret de la convention, du 18 octobre 1792, sous le nom de *commission des monumens :* on alla chercher dans sa retraite notre bibliographe, qui fut un des membres les plus actifs, surtout pour la conservation des bibliothèques, et pour l'ordre à suivre dans les dépôts littéraires qui se formoient. Le décret, pour compléter les 33 membres dont la commission devoit être composée, avoit ajouté à ceux qui existoient déja, les CC. *Guyton, Barrère, Dussaulx* et *Sergent.* Le second de ces nouveaux membres, Bertrand Barrère, toujours fertile en projets, en proposoit souvent d'absurdes, dont Mercier faisoit sentir à l'instant le ridicule. Un jour, par exemple, Barrère annonça comme *une idée lumineuse*, celle de faire un court extrait de tous les livres qui existoient dans la bibliothèque nationale, de le faire imprimer magnifiquement par Didot, et de brûler tout le reste. Mercier n'eut pas de peine à démontrer à la commission, que l'objet de ce nouvel *Omar* ne pouvoit être rempli, parce que la bibliothèque nationale ne contenoit pas tous les exemplaires des ouvrages qui la composoient, et que par conséquent il n'étoit pas en son pouvoir de les anéantir. Il n'est pas inutile d'observer que le 3.e article du décret portoit expressément, que les membres de la commission *ne pourroient* en cette qualité, et sous quelque prétexte que ce fût, *recevoir aucuns appointemens, honoraires, ni émolumens.* Le 29 frimaire de l'an II, à la suite d'un rapport fait par Mathieu, la commission fut supprimée, et remplacée par la *commission temporaire des arts* : elle étoit gravement inculpée dans le rapport ; mais elle y répondit par une brochure de 62 pages in-8.o, imprimée chez Brosselard, à deux colonnes, où chaque inculpation est victorieusement réfutée par des faits et des pièces justificatives. Mercier fut rendu de nouveau à la retraite ; mais il n'y trouva plus la tranquillité d'esprit qui l'y avoit suivi la première fois. Les massacres de septembre lui avoient enlevé plusieurs amis, auxquels il étoit fort attaché. Ces scènes atroces qui se retraçoient continuellement à sa mémoire, et les victimes que le tribunal de sang, établi par Robespierre, envoyoit tous les jours à l'échafaud, lui inspiroient une inquiétude et des craintes qu'il n'avoit jamais connues : je sentois, en lisant ses billets, que son cœur étoit navré, sa poitrine oppressée. Enfin, le 19 messidor de l'an II (7 juillet 1794), il se trouve par hasard sur le passage de ces chars de la mort, qui trainoient 67 personnes à la barrière du Trône ; il veut fuir : toutes les issues sont obstruées par les spectateurs ; obligé de s'arrêter, il lève la tête, et reconnoît, au milieu de ces victimes amoncelées, son intime ami, l'ex-abbé Royer, ex-maître des requêtes. Saisi de douleur, d'étonnement et d'effroi, il oublie l'objet qui l'a fait sortir, il lui tarde de rentrer ; mais une sueur froide se répand sur tout son corps : il est obligé d'entrer dans une maison inconnue, pour recueillir ses esprits. Il rentre enfin dans sa solitude ; hélas ! le coup mortel étoit porté : depuis ce moment il ne fit plus que languir. Cette belle figure, si noble, si imposante, se décolora peu à peu : de simples courses chez des amis étoient des voyages ; bientôt il ne fut plus en état d'en faire : la maladie qui l'a conduit au tombeau se déclara ; les inquiétudes, les soucis de toute espèce avoient miné sourdement cette constitution robuste, qui promettoit un siècle de vie. Les secours de l'art et de l'amitié lui furent prodigués, mais ils ne firent que retarder de quelques mois le moment fatal ; la gangrêne fit en peu de temps des progrès rapides, et le 24 floréal de l'an VII (13 mai 1799,) il termina, à 10 heures du soir, une carrière pleine d'honneur et de gloire : ainsi périrent avec lui cinquante ans de travaux littéraires, de recherches de toute espèce. Ce qu'il a écrit n'est qu'une foible partie de l'immense quantité de connoissances qui ornoit son excellente mémoire. Cette perte est d'autant plus irréparable que le goût des études, qu'il avoit embrassées, a presque totalement disparu de notre sol. En vain, François de Neufchateau, toujours zélé pour tout ce qui peut faire refleurir les lettres, a cherché à le ranimer (*d*); il nous manque des professeurs pour une science aussi vaste, aussi épineuse que celle de la bibliographie et de l'histoire littéraire, pour une science qui embrasse toutes les branches de la littérature, et qui les vivifie toutes, parce que le premier besoin de l'homme de lettres, qui entreprend un ouvrage, est de connoître les sources auxquelles il peut puiser, les livres qui ont traité directement ou indirectement le sujet qui l'occupe; et pourtant, s'il s'adresse à nos *bibliographies* si vantées, à nos *dictionnaires historiques*, il y trouve souvent de fausses dates, de fausses notions, en un mot, des guides peu sûrs (1).

La fortune de notre savant bibliographe avoit été renversée par la révolution. La rente viagère des 24 mille francs placés chez Anisson, n'étoit plus payée; il fallut faire des sacrifices de toute espèce, et même renvoyer son unique domestique, lorsque les infirmités la lui rendoient si nécessaire.

Heureusement l'amitié vint à son secours. Depuis deux ans, c'est-à-dire, depuis le moment où la maladie ne lui permettoit plus que des promenades

(*d*) Voyez sa circulaire du 20 frimaire dernier.

courtes, une famille respectable étoit venue habiter la maison où il logeoit; une mère déja octogénaire avoit, pour le soutien de sa vieillesse, une fille vertueuse, éminemment douée de ces qualités douces et précieuses, qui font l'ornement de son sexe et la consolation du nôtre.

Le malheur commun, la mauvaise santé, le bon voisinage, le besoin d'une société agréable, établirent bientôt, entre des personnes faites pour s'aimer et s'estimer, cette confiance douce qu'on ne connoît guère dans les grandes communes, et qui cependant jette sur la vie, surtout sur les derniers jours de la vie, un charme inexprimable, parce qu'elle adoucit les maux, console de l'infortune, et rend supportables la douleur et les revers. Certes, jamais liaison ne fut plus respectable, plus innocente; elle étoit fondée d'un côté sur l'estime, de l'autre sur la vénération qu'inspire toujours un grand homme.

J'avois oublié de dire que dans la distribution des encouragemens accordés par la Convention nationale, le 3 janvier 1795 (*v. st.*), à quelques gens de lettres et à quelques artistes, Mercier fut compris sur la liste de la 3.e *classe* pour la somme de 1500 fr. assignats. Mercier-Saint-Léger à la 3.e *classe!*

Les étrangers voulurent l'attirer chez eux. On lui offrit à Varsovie et à Milan une place de premier bibliothécaire, avec un traitement considérable; le pape Pie VI et le roi d'Angleterre lui firent les propositions les plus séduisantes, mais il préféra sa patrie et ses amis.

Cependant sa longue maladie exigeoit des dépenses que sa fortune ne lui permettoit plus de faire. Quelques amis firent connoître au ministre de l'intérieur sa position critique. L'un d'eux, Laserna-Sant-Ander, bibliothécaire de l'école centrale du département de la Dyle, à Bruxelles, homme d'un grand mérite, bibliographe profond, a donné dans cette occasion un exemple si touchant d'amitié, de générosité, que le lecteur me sauroit mauvais gré de ne l'avoir pas fait connoître. Dans une lettre adressée au ministre de l'intérieur, datée de Bruxelles, du 19 nivôse an 7, en réponse à sa circulaire du 20 brumaire, Sant-Ander s'exprime ainsi sur le compte de son ami :

« J'ai vu dernièrement à Paris un de ces hommes « que les siècles produisent rarement, une *biblio-« théque vivante ;* — hélas ! je l'ai vu, dis-je, charg « d'années et d'infirmités, réduit presqu'à l'indi-« gence et abandonné à lui-même ; je veux parler, « citoyen ministre, de l'abbé Mercier, ci-devant « abbé de Saint-Léger, bien connu dans la république « des lettres par ses vastes connoissances dans toute « l'étendue de l'histoire littéraire. Je me fais un de-« voir de le rappeler à votre souvenir, bien persuadé, « par l'amour que vous portez aux lettres, que vous « ne souffrirez pas que le premier bibliographe de l'Eu-« rope, après avoir passé sa vie dans l'aisance, finisse « ses vieux jours dans la misère. Je m'offre volontiers « sous votre agrément, citoyen ministre, si d'autres « occasions plus favorables ne se présentent pas, à « lui céder ma place, bien assuré qu'il en saura « remplir beaucoup mieux que moi les fonctions ;

« d'ailleurs, c'est un hommage que je dois à son « mérite et à son grand âge. »

François (de Neufchâteau) lui répondit le 5 ventôse, « Je ne puis qu'applaudir aux sentimens « louables et généreux qui vous portent à céder votre « place au citoyen Mercier, ci-devant abbé de Saint-« Léger, et que vous regardez comme le premier « bibliographe de l'Europe; mais je ne puis ac-« cepter une proposition qui vous enleveroit vous-« même à des fonctions que vous vous montrez si « digne de remplir sous tous les rapports. Cependant, « pour répondre aux vues de bienfaisance qui vous « animent envers ce respectable vieillard, je vais « prendre des renseignemens sur son compte, et je « ferai tout ce qui sera en mon pouvoir pour adoucir « l'état malheureux dans lequel il se trouve. »

La promesse du ministre ne fut point vaine et l'exécution en fut prompte, ce qui en double le prix. Le malade reçut, le 15 du même mois, la lettre suivante :

« Citoyen, le gouvernement se fait un devoir « d'encourager les travaux utiles dans tous les gen-« res, et ceux des bons écrivains l'éprouvent chaque « jour. A ce titre vous avez des droits à sa bien-« veillance, et je me plais à vous la témoigner, en « vous prévenant qu'informé que vous vous occupiez « depuis longtemps à la composition d'un recueil « de notices sur les poètes latins du moyen âge, je « vous ai accordé, à titre d'encouragement, 200 « francs par mois, pour la continuation d'un ou-

« vrage aussi intéressant pour l'histoire littéraire;
« ces encouragemens dateront du 1.er ventôse.

Salut et fraternité.

Signé François (de Neufchâteau.)

Le ton de cette lettre annonce le respect, toujours dû, rarement porté, à l'âge, au malheur, aux infirmités, au savoir; mais le trait que je vais citer annonce une grande sensibilité. Le 14 Floréal, un homme de confiance, l'estimable C. Huzard, fut envoyé par le ministre s'informer de la situation du malade, lui offrir les secours dont il pouvoit avoir besoin, examiner s'il avoit auprès de lui quelqu'un pour le soigner, et, s'il n'avoit personne, lui donner à ses frais une et même deux gardes s'il le falloit. Huzard ne fut pas introduit auprès du malade dont on ne vouloit point troubler le repos, mais sa respectable amie donna tous les renseignemens qu'on demandoit. Les secours pécuniaires furent acceptés, parce qu'ils devenoient nécessaires. Quant à la garde-malade, quelle femme auroit pu remplacer l'amie qui, depuis deux ans, en remplissoit les pénibles devoirs, avec un courage, une patience, une douceur que rien ne pouvoit lasser, rebuter, ni les indispositions personnelles, ni les fatigues, ni les dégoûts inséparables du genre de maladie dont notre ami étoit affecté? En lui voyant prodiguer des soins si touchans, je me rappelois ces vers qu'Œdipe adresse à sa fille Antigone :

Et tu seras, chez la race nouvelle,
De *l'Amour filial* le plus parfait modèle.

Elle a été pour cet infortuné ami un ange de miséricorde et de paix ; elle a prolongé sa vie, adouci ses derniers momens ; elle lui a fermé les yeux : qui jamais a mieux mérité de la sainte amitié?

Huzard revint le lendemain avec 201 franc, et tous les jours suivans, jusqu'au dernier, il vint de la part du ministre, s'informer de l'état du malade et offrir de nouveaux secours. Si la modestie de François (de Neufchâteau) s'offensoit de la publicité que je donne à ces traits de bienfaisance, marqués au coin d'une sensibilité exquise, mon excuse seroit le devoir imposé à l'historien, d'opposer des traits si rares à cet égoïsme presqu'universel, qui s'accroît tous les jours, qui tue les individus, et mine sourdement les empires.

J'avois à peindre l'homme de lettres, c'étoit presque mon unique tâche ; je dois cependant dire un mot de l'homme moral. Mercier étoit né avec une ame fière et forte, et un cœur excellent. Les qualités solides qui font la base et le lien de la société, il les possédoit toutes ; bon parent, bon ami, bon citoyen, zélé pour les intérêts de l'ordre auquel il étoit attaché, indulgent pour ses amis, ne les aimant pas moins quoique leurs opinions fussent contraires aux siennes, il ne dévia jamais des principes qu'il s'étoit fait : ayant longtemps vécu au milieu de tout ce qu'il y avoit de personnes distinguées par le rang, l'esprit et les connoissances, il avoit le ton excellent de la société. Son commerce étoit d'autant plus agréable, qu'ayant, comme je l'ai déja dit, beaucoup de gaieté dans l'esprit, des saillies heureuses, un fond inépuisable d'anecdotes, de traits singuliers que lui fournissoient ses immenses lectures et sa vaste correspondance, il égayoit, amusoit, instruisoit, et faisoit réfléchir. Mais ces charlatans littéraires qui trompent tous les jours le lecteur crédule, ces prétendus traducteurs qui ne traduisent pas, mais défigurent les ouvrages précieux de l'antiquité, allumoient son indignation. Alors il prenoit la plume et ne la quittoit pas avant de les avoir marqués au front; cependant il n'a publié qu'une foible partie de ces notes, les autres sont ou brûlées, ou renfermées dans ses cartons, ou consignées dans les billets qu'il écrivoit à ses amis, sur le premier chiffon de papier qui se trouvoit sous sa main. Cette sainte haine contre les mauvais écrivains que je viens de désigner, il l'a conservée jusqu'aux derniers momens. Un mois environ avant sa mort, je lui communiquai la suite d'un ouvrage dont le plan est bien conçu, mais dont l'exécution pèche dans plusieurs parties essentielles. A peine en eus-je lu quelques pages, que se levant sur son séant, *comment*, s'écria-t-il, *vous ne releverez point cela?* Non, lui dis-je; je perdrois, selon le proverbe, mon temps et mon huile; l'auteur se fâcheroit et ne se corrigeroit pas: quant à la plus grande partie des lecteurs, ils se soucient peu qu'on les instruise, pourvu qu'on les désennuie. — *Mais l'étranger prendra notre silence pour une approbation.* — Je sens toute la force de l'argument; mais je n'aime point à crier dans le désert. — Là finit notre conversation; je fermai le livre, et nous parlâmes d'autre chose.

L'habitude, disons mieux, l'amour impérieux du travail le poursuivit jusques aux momens de délire qui précédèrent sa mort. La veille de ce terme fatal, son imagination travailloit encore ; il envoyoit, dans ses derniers rêves, des dissertations à un de ses amis : *Portez-lui cela*, disoit-il à son amie, *je n'ai plus la force d'y mettre la dernière main ; il s'en chargera avec plaisir.* Puis, quelques minutes après, il l'appeloit de nouveau : *Eh bien ! qu'a-t-il dit? — Il en est fort content, il vous l'apportera demain.* Ensuite il récita deux vers de Virgile sur l'amitié, et les traduisit élégamment en vers françois. Je regrette que le trouble et la profonde douleur dans laquelle étoit plongée cette infortunée amie, ne lui aient pas permis de les retenir ; je ne les envierois pas au lecteur.

J'ai déja nommé ses ouvrages les plus considérables. La liste de toutes les lettres, dissertations, écrits publiés sous son nom dans les journaux, ou séparément ; des écrits anonymes, tels que le recueil C, une brochure in-8.° de 29 pages, extrêmement piquante, qui, je crois, n'a jamais été vendue, mais seulement distribuée à ses amis, intitulée : *Lettre à un ami, sur la suppression de la charge de bibliothécaire du roi, et sur un moyen d'y suppléer, aussi économique qu'avantageux aux lettres* ; en France, 1787, etc. Cette liste, qui remplit 8 pages in-4.°, est sous les scellés ; dès qu'ils seront levés, je la demanderai à la famille, et si, comme je n'en doute pas, elle veut bien me permettre d'en prendre copie, je l'insérerai en entier dans ce journal (2).

Les manuscrits ou ouvrages principaux disposés pour une nouvelle édition, sont 1.° Trois volumes de notices sur les poètes latins du moyen âge. Il n'a pu compléter cet important travail; mais tous les articles qui composent ces trois volumes sont finis (3). 2.° Le supplément à l'histoire de l'imprimerie de *Prosper Marchand*, un vol. in-4°. 3.° Notice raisonnée des ouvrages de *Gaspard Schott*, un vol. in-8°. 4.° La *Bibliotheca latina Medii Ævi*, de *Fabricius*, six vol. in-4°. 5.° L'Essai sur les lanternes de *Dreux-Duradier*, un vol. in-8°. 6.° Le Traité des statues de Lémée, un vol. in-12. 7.° La Bibliothèque de la Croix du Maine et du Verdier, six vol. in-4°. 8.° Les Œuvres de *La Monnoye*, de l'édition de Rigoley de Juvigny, deux vol. in 4.°, collationnées sur le manuscrit en partie autographe de *La Monnoye*, augmentées de toutes les pièces inédites et enrichies de notes. Cette révision et ce travail furent faits en commun, comme on le verra par mon écriture; mais je ne pus corriger qu'une partie du grec. Le reste a été tellement défiguré par l'éditeur, que, sans le manuscrit autographe, il étoit impossible d'en venir à bout, et je ne l'avois pas alors; du reste, j'ai un double de ce travail, et j'ai recouvré, depuis le temps où il fut fait, beaucoup de pièces qui manquent à cet exemplaire. 9.° Une dixaine d'articles pour le Magasin Encyclopédique. 10.° Une soixantaine au moins d'opuscules dont je ne puis me rappeler le nom en ce moment, et dont je prendrai note après la levée des scellés, si on veut me le permettre. Tous ses livres, d'ailleurs, sont chargés de notes qu'il seroit intéressant de publier. Mais, *que deviendront ces manuscrits et ces livres?* Voilà ce qui le tourmentoit, lorsque l'espoir de la guérison, qu'on avoit toujours nourri, s'évanouissoit peu à peu, et que ses forces ne lui permettoient plus de mettre de l'ordre dans ses livres et dans ses papiers. Pendant les jours de la terreur, lorsque la hache étoit partout levée sur les hommes instruits, il avoit fait déposer ce qu'il appeloit ses *bucoliques*, chez un notaire, et m'en avoit instruit sur le champ; lorsque le danger fut passé, il les retira; et, comme il retouchoit, corrigeoit, augmentoit tous les jours ses propres ouvrages, et ceux qu'il avoit revus, l'ordre disparut peu à peu. Il faudroit, pour le rétablir, une main amie, qui n'apportât à cette opération aucun préjugé, aucune partialité, mais seulement l'amour des lettres. L'abbé de Saint-Léger, qui savoit si bien respecter et faire respecter l'habit qu'il portoit, savoit aussi que, dans les lettres, tout se tient, forme un faisceau et se prête un secours mutuel; que tel passage d'un auteur facétieux ou même licencieux aide à rétablir un passage désespéré, dans un écrivain grave et austère: notre bibliographe avoit pour lui l'exemple des Pères grecs et latins, qui n'étoient étrangers à aucun genre de littérature profane.

Outre les notes marginales dont presque tous ses livres sont couverts, on y trouve beaucoup de feuilles volantes, pleines de renvois, ce qui demande de la part de l'éditeur une grande patience, de l'intelligence, et des connoissances peu communes en bibliographie et en histoire littéraire.

Mercier, voyant la vie prête à lui échapper, témoigna beaucoup d'inquiétude sur le sort futur de ses manuscrits, et de ceux de ses livres qui en tiennent lieu; il vouloit en faire don à une bibliothèque publique; mais il laissoit des dettes, et ses manuscrits et ses livres restoient seuls pour les payer : sa tête d'ailleurs n'étoit plus à lui que par intervalles, ainsi ce don ne pouvoit être décemment ni fait ni accepté. J'exhorte, au nom des lettres, le ministre de l'intérieur à en faire acquisition pour la république. Cet arrangement sera tout à la fois avantageux pour les lettres et pour les héritiers : il sera avantageux pour les lettres, parce que ces trésors littéraires, réunis en masse dans une bibliothèque publique, seront à la disposition des gens de lettres, qui, avec l'agrément du gouvernement, pourront les mettre au jour, et donner à ce travail tout le soin qu'il mérite. Souvent l'auteur, dans ses notes, renvoie à celles qu'il a mises dans un autre ouvrage, et cet ouvrage se trouvera alors sous la main de l'éditeur. D'ailleurs le gouvernement aura le choix de ce dernier; il s'assurera s'il a la sorte de talent nécessaire pour ce travail. Si, au contraire, ces trésors sont dispersés, chacun restera enfoui, ou tombera peut-être entre les mains de barbares, qui n'en connoîtront pas le prix : s'ils sont vendus en masse à un particulier, ils seront également enfouis pendant sa vie, et dispersés après sa mort.

J'ai dit, ensuite, qu'un pareil arrangement seroit avantageux aux héritiers, parce qu'il leur épargneroit les frais de vente, dans le cas où ils en voudroient faire une publique ; frais qui absorbent presque toujours une partie et même la meilleure partie de la succession.

Il ne me reste plus à parler que de ses correspondances littéraires: elles doivent être pleines d'intérêt, si j'en juge par les billets que j'ai reçus de lui pendant les douze dernières années de sa vie, tous remplis d'anecdotes curieuses, d'éclaircissemens précieux sur une infinité de points obscurs de l'histoire littéraire. Mais cette seconde espèce de trésors est entre les mains de ceux qui ont eu le bonheur de correspondre avec lui. Les demandes ou les réponses qu'on lui faisoit, sont à la vérité parmi ses papiers ; mais ce sont, pour la plupart, des énigmes dont le mot se trouve en Hollande, en Angleterre, en Allemagne, en Italie, sur toute l'étendue de la république des lettres.

Paris, 6 messidor an VII.

NOTES.

(1) Un bon dictionnaire historique est un livre plus essentiel qu'on ne le croit ordinairement, parce qu'il est l'extrait d'une infinité d'ouvrages dont quelques-uns sont rares, même dans les grandes communes. Nous avions projeté, Saint-Léger et moi, d'en donner un. Les fonds pour l'impression étoient trouvés ; mais la compagnie financière qui les fournissoit, ne donnoit que six mois pour préparer l'édition, et nous demandions quatre ans. Je m'étois chargé de la rédaction, parce qu'ennuyé du patelinage et des inutilités de ceux

qui existent, je voulois que notre dictionnaire contînt seulement les principales circonstances de la vie de chaque personnage, la liste exacte de ses écrits, avec des dates sûres, l'indication des éditions rares ou somptueuses, et de celles qui sont recommandables par leur bonté, leur utilité. J'avois exigé qu'on supprimât les réflexions ; c'est au lecteur à les faire : d'ailleurs, un dictionnaire historique doit ménager l'amour-propre des Nations, et les opinions religieuses, politiques et littéraires de chacune. Notre dictionnaire, exécuté sur ce plan, auroit été moins volumineux que celui de Chaudon, et auroit renfermé environ deux mille articles de plus.

(2) Ersch, dans la *France littéraire*, Hambourg, 1797, trois vol. in-8.o, livre dont presque tous les articles auroient besoin d'être corrigés, attribue à notre savant bibliographe; 1.o l'édition de la *Bibliothèque des Romans traduits du grec*. L'auteur allemand veut parler de la jolie collection, intitulée : *Bibliothèque des Romans grecs, traduits en françois*, imprimée chez Guillaume, en l'an IV et V, douze vol. in-12 ; mais c'est le libraire lui-même qui en est éditeur. Sept volumes étoient déja imprimés, lorsque cet estimable citoyen me parla de son entreprise. Je lui conseillai de demander, à l'homme qui étoit le plus en état de la donner, une introduction qui contînt la notice de toutes les éditions des romans grecs et des différentes traductions qui en avoient été faites dans les principales langues de l'Europe. Je promis d'appuyer sa demande. Mercier y fit droit ; il se chargea de ce travail, et s'en occupa longtemps. De mon côté, je m'engageai à traduire les extraits, que nous a donnés Photius, du roman d'Antoine Diogène sur les *merveilles que l'on voit au-delà de Thulé*, des *Babyloniques* de Jamblique, et à donner le texte grec avec la traduction françoise des IX livres de Nicetas Eugenianus, qui n'ont jamais été publiés. J'avois déja lu une première épreuve de l'extrait d'Antoine Diogène ; il ne manquoit plus que quelques notes à celui de Jamblique (*e*), lorsqu'une indisposition assez longue, et d'autres occupations m'obligèrent de suspendre ce travail, qui ne demande que quelques jours pour être terminé. Quant à celui de Mercier-Saint-Léger, beaucoup de matériaux étoient rassemblés ; déja même il avoit fait imprimer, à la tête du premier volume, un

(*e*) La notice critique sur ce romancier a déja été imprimée dans le *Magasin Encyclopédique*, III.e année, t. III, p. 364 et suiv.

excellent mémoire sur la double édition donnée en 1555, à Paris et à Lyon, de la traduction françoise, par J. Fornier, du roman grec de Parthénius de Nicée; mais ses infirmités augmentèrent: il lui restoit à consulter quelques ouvrages qui ne se trouvoient pas; en les attendant, il s'occupa d'autre chose. Ses idées se refroidirent peu à peu; j'avois beau le presser de mettre en ordre ces matériaux dont j'avois fourni une partie, il m'alléguoit sa mauvaise santé, qui bientôt, en effet, ne lui permit plus une application suivie. Son travail en est donc resté là, et ce mémoire sur Fornier est la seule pièce qu'il ait fournie à cette collection. De mon côté, je n'ai d'autre part à l'édition des douze volumes déja imprimés, que celle d'avoir corrigé, dans le texte ou dans des errata, ou par des cartons, les citations grecques de la traduction d'Achilles Tatius et de Longus; d'avoir ajouté une note à la fin de cette dernière, une autre note au bas de la page 247 du deuxième volume de Chariton, et enfin d'avoir rempli, dans l'Ane de Lucien, pages 138-42, les deux lacunes que le censeur royal avoit exigées dans le temps.

2.° L'auteur allemand, après avoir fait notre bibliographe curé constitutionnel à Ham, en Picardie, lui attribue un discours prononcé dans cette ville, en 1792. Tout le monde sait qu'il ne fut jamais curé constitutionnel : c'est une erreur causée par la ressemblance des noms.

(3) On trouve l'article suivant dans le Moniteur du 19 prairial, an 7.

« Barthélemi Mercier, l'un des plus laborieux bibliographes de « France, est mort à Lyon. Il laisse un manuscrit fort curieux. Ce « sont des notices sur la vie et les ouvrages des académiciens, dont « la réputation usurpée a été plutôt l'effet de l'intrigue que du « vrai savoir. »

Mercier, lui-même, auroit beaucoup ri de cette plaisanterie, dont on peut dire : *Non è vera, ma ben trovata.* On trouvera dans ses feuilles volantes plus d'une anecdote curieuse, dans le genre de celles du prétendu manuscrit. Il aimoit à les conter à ses amis, et les invitoit à en garder le souvenir, afin qu'elles ne fussent pas perdues. Il nous racontoit, par exemple, que quand d'Alembert présenta à l'abbé Canaye, son ami, le manuscrit de la préface qu'il a mise à la tête de l'Encyclopédie, celui-ci, après l'avoir parcouru, le jeta au milieu de la chambre, en disant : *Fi donc !*

cela ne vaut rien; qu'ensuite l'ayant fait ramasser, il l'apostilla, le retoucha, fit des retranchemens et de nombreuses additions, lui donna de la couleur, de la vie, et en fit un chef-d'œuvre. La scène s'étoit passée sous les yeux de la nièce de l'abbé Canaye, qui en attesta la vérité à l'abbé de Saint-Léger.

L'abbé Canaye, homme qui avoit plus que de l'esprit, mais fort paresseux, étoit petit neveu de Florent Chrétien. Son grand oncle avoit laissé des corrections et des remarques sur tous les auteurs grecs; elles étoient écrites sur des bandes de papier, d'un ou de deux travers de doigt au plus, qu'il jetoit dans un tonneau à mesure qu'elles étoient remplies. Le tonneau, à sa mort, étoit déja plein. Il resta intact dans le coin d'un cabinet jusqu'au moment où Canaye, enfant et fort espiègle, comme on se l'imagine bien, le découvrit, fit part à ses frères de sa découverte, et s'amusa avec eux à brûler, déchiqueter, faire voler ces morceaux de papier, *rapidis ludibria ventis*. Le tonneau fut bientôt vidé par la bande joyeuse, et les lettres firent une perte irréparable; mais l'abbé Canaye, qui, à 80 ans, rioit encore aux éclats de cette espiéglerie de son enfance, étoit peu touché, même alors, de cette perte. Il songeoit uniquement au plaisir qu'il avoit eu à éparpiller ces paillettes d'or.

www.ingramcontent.com/pod-product-compliance
Ingram Content Group UK Ltd.
Pitfield, Milton Keynes, MK11 3LW, UK
UKHW021032260726
13994UKWH00005B/2106

9 782329 160801